Aber man konnte ja weder voraussehen noch hoffen, daß jeder von denen, welchen man den alten Aberglauben lächerlich machte, auch sogleich fähig sein würde, sich zu der reinen und schweren Idee des Wahren zu erheben.

...

Man fand also für besser, die neue gefährliche Wahrheit zum ausschließenden Eigentum einer kleinen geschlossenen Gesellschaft zu machen, diejenigen, welche das gehörige Maß von Fassungskraft dafür zeigten, aus der Menge hervorzuziehen und in den Bund aufzunehmen und die Wahrheit selbst, die man unreinen Augen entziehen wollte, mit einem geheimnisvollen Gewand zu umkleiden, das nur derjenige wegziehen könnte, den man selbst dazu fähig gemacht hätte.

...

Diese Zeremonien, mit jenen geheimnisvollen Bildern und Hieroglyphen verbunden, und die verborgenen Wahrheiten, welche in diesen Hieroglyphen versteckt lagen und durch jene Gebräuche vorbereitet wurden, wurden zusammengenommen unter dem Namen der **Mysterien** *begriffen. Sie hatten ihren Sitz in den Tempeln der Isis und des Serapis und waren das Vorbild, wornach in der Folge die Mysterien in Eleusis und Samothrazien und in neuern Zeiten der Orden der Freimaurer sich gebildet hat.*

FRIEDRICH SCHILLER*

*Die Sendung Moses

Diejenigen, welche dieser wichtigen Aufschlüsse teilhaftig waren, nannten sich Anschauer oder Epopten, weil die Erkennung einer vorher verborgenen Wahrheit mit dem Übertritt aus der Finsternis zum Lichte zu vergleichen ist, vielleicht auch darum, weil sie die neuerkannten Wahrheiten in sinnlichen Bildern wirklich und eigentlich anschauten.

Zu dieser Anschauung konnten sie aber nicht auf einmal gelangen, weil der Geist erst von manchen Irrtümern gereinigt, erst durch mancherlei Vorbereitungen gegangen sein mußte, ehe er das volle Licht der Wahrheit ertragen konnte.

FRIEDRICH SCHILLER*

*Die Sendung Moses

Goethes „Faust"-Dichtung

und

„der höhere Sinn".

Eine Annäherung

über die noch weitgehend verkannte

Kultur der Mysterien.

Von George Cebadal.

Bibliografische Information der Deutschen Nationalbibliothek:
Die Deutsche Nationalbibliothek verzeichnet diese Publikation
in der Deutschen Nationalbibliografie; detaillierte bibliografische
Daten sind im Internet über http://dnb.dnb.de abrufbar.

Herstellung und Verlag:
BoD – Books on Demand, Norderstedt

ISBN:
9783750414013

Bist du beschränkt, daß neues Wort dich stört?
Willst du nur hören, was du schon gehört?
Dich störe nichts, wie es auch weiter klinge,
Schon längst gewohnt der wunderbarsten Dinge.

(Faust II, V. 6266-6269)

GEORGE CEBADAL

Goethes „Faust"-Dichtung und „der höhere Sinn". Eine Annäherung über die noch weitgehend verkannte Kultur der Mysterien

Im Rahmen dieses kleinen Aufsatzes möchte ich die noch weitgehend verkannte Kultur der Mysterien in Goethes *Faust*-Dichtung vorstellen und zeigen, wie im Verborgenen Mysterienbilder als das A und O den Weg von Doktor Faust durch die zwei Teile der Tragödie prägen. Mein Vorhaben mag plausibler und glaubwürdiger erscheinen vor dem Hintergrund von Jan Assmanns *Die Zauberflöte. Oper und Mysterium* von 2005, worin Assmann auf die allgemeine Mysterienkultur des 18. Jahrhunderts verweist, die „in der Forschung bisher unbeachtet geblieben war"[1], und anschließend maßgebliche Einflüsse der Mysterien auf die Gestaltung der *Zauberflöte* darstellt. Entsprechend möchte ich hier für die *Faust*-Dichtung nur ein sehr ähnliches Verhältnis von Mysterium und Dramendichtung aufzeigen, wie es Assmann bereits für die *Zauberflöte* hervorgehoben hat. Assmanns Ausführungen zur Mysterienkultur des 18. Jahrhunderts und der *Zauberflöte* waren für mich sehr inspirierend und lieferten wichtige Verweise auf Textquellen, aus denen damals die Mysterien rezipiert wurden. Auf solche Textquellen werde ich gleich noch zurückgreifen, um die verborgene Bildersprache des *Fausts* zu veranschaulichen.

Den Einstieg soll allerdings ein Hinweis Goethes auf den Zusammenhang zwischen dem „höhere[n] Sinn" seiner *Faust*-Dichtung und Mozarts *Zauberflöte* liefern, den Goethe im Gespräch mit Eckermann über die *Helena*-Dichtung, also den dritten Akt in *Faust II*, äußerte:

Wenn es nur so ist, daß die Menge der Zuschauer

---

[1] Jan Assmann: *Die Zauberflöte. Oper und Mysterium*. München 2005, S. 11.

Freude an der Erscheinung hat; dem Eingeweihten wird zugleich der höhere Sinn nicht entgehen, wie es ja auch bei der „Zauberflöte" und andern Dingen der Fall ist.[2]

Tatsächlich verbindet Goethe selbst sein künstlerisches Konzept mit dem der *Zauberflöte*, einem Stück, welches die Einweihung in die Mysterien der Isis zeigt,[3] dazu allerlei freimaurerische Anspielungen enthält und am Ende den Sieg der freimaurerischen Ideale verkündet.[4] Wobei die *Zauberflöte* zuallererst, ihrer „Erscheinung" nach, wie ein zauberhaftes Märchen für Kinder daherkommt, sodass trotz des Verbots der Freimaurerei 1795 durch den habsburgischen Monarchen dieses Stück vom freimaurerischen Sieg über die Monarchie der Königin der Nacht in den Landen der Habsburger gezeigt werden konnte. Nun hatten nicht nur die beiden Macher der *Zauberflöte*, Mozart und Schikaneder, einen freimaurerischen Hintergrund, sondern Goethe selbst war ein Freimaurer gewesen. In diesem Kontext ließe sich Goethes Wortgebrauch vom „Eingeweihten" im Sinne initiatorischer Bünde deuten, wie eben den Freimaurern, denen damals die antiken Priesterbünde Inspiration und Orientierung gaben. Demgemäß würde Goethe einen „Eingeweihten" im ursprünglichen Sinne meinen, der durch ein Ritual den Übergang des Initianden in die eingeschworene Gemeinschaft vollzogen hat. Ein kleiner Blick auf die in der *Zauberflöte* dargestellten Einweihungsrituale lässt die couragierte Auseinandersetzung mit Nacht und Tod als ein wesentliches Element der Mysterienweihe erkennen. So

---

[2] Woldemar Freiherr von Biedermann [Hrsg.]: *Goethes Gespräche*. Bd. 6. Leipzig 1889, S. 38.

[3] Johann Emanuel Schikaneder: *Die Zauberflöte. Große Oper in zwey Aufzügen.* Hrsg. von Michael Holzinger. Berlin 2014, S. 54, II,28: „Der Isis Weihe ist nun dein!"

[4] Schikaneder (Anm. 3), S. 59, II,30: „Es siegte die Stärke, und krönet zum Lohn / Die Schönheit und Weisheit mit ewiger Kron'." (Weisheit, Stärke und Schönheit sind als die drei Säulen der Freimaurerei bekannt.)

qualifizieren die zwei Geharnischten Pamina zur Einweihung mit den Worten: „Ein Weib, das Nacht und Tod nicht scheut. / Ist würdig, und wird eingeweiht."[5] Und am Ende verkündet der Chor von Priestern über das dann eingeweihte Paar Pamina und Tamino: „Heil sey euch Geweihten! Ihr drangt durch die Nacht, / Dank sey dir, Osiris und Isis, gebracht!"[6]

Doch kommen wir jetzt zu Goethes *Faust*, für den ich das Thema Mysterien und eben auch diese spezielle Motivik von Nacht und Tod als maßgebend aufzeigen möchte, und zwar nicht nur für den angesprochenen *Helena*-Akt, den Goethe und Schiller als „Gipfel"[7] der Dichtung besprachen, sondern für die gesamte *Faust*-Dichtung. Die ersten Bühnenszenen von Doktor Faust bilden hier einen besonders markanten Punkt, denn sie lassen sich als kleine Einführung verstehen, mit welcher der Titelheld und sein Thema dem Publikum kurz vorgestellt werden soll. Bezeichnenderweise trägt die Szene, mit der Doktor Faust das erste Mal als Figur auf der Bühne in Erscheinung tritt, den Titel *Nacht* und gipfelt am Ende in Fausts todesmutigem Erlebnis mit der Giftphiole. Diese ersten Anzeichen des Mysterienthemas lassen sich durchaus noch vertiefen, wenn wir beispielsweise Plutarchs Beschreibung der Mysterien hinzuziehen, der als eingeweihter Priester im Apollontempel von Delphi über den Einweihungsweg zu berichten wusste:

Hier [im diesseitigen Leben] ist die Seele ohne Erkenntnis außer wenn sie dem Tode nah ist. Dann aber macht sie eine Erfahrung, wie sie jene durchmachen, die sich der Einweihung in die Großen Mysterien unterziehen. Daher sind auch das Wort „sterben" ebenso wie der Vorgang, den es ausdrückt (τελευταν),

---

[5] Schikaneder (Anm. 3), S. 53, II,28.
[6] Schikaneder (Anm. 3), S. 59, II,30.
[7] Schiller an Goethe, 23.9.1800; SNA 30, S. 198: „Denn dieser Gipfel, wie Sie ihn selbst nennen, muß von allen Punkten des Ganzen gesehen werden und nach allen hinsehen."

*und das Wort „eingeweiht werden" (τελεῖσθαι) ebenso
wie die damit bezeichnete Handlung einander gleich.
Die erste Stufe ist nur mühevolles Umherirren,
Verwirrung, angstvolles Laufen durch die Finsternis
ohne Ziel. Dann, vor dem Ende, ist man von jeder Art
von Schrecken erfaßt, und alles ist Schaudern, Zittern,
Schweiß und Angst. Zuletzt aber grüßt ein wunderbares
göttliches Licht und man wird in reine Gefilde und
blühende Wiesen aufgenommen, wo Stimmen erklingen
und man Tänze erblickt, wo man feierlichheilige
Gesänge hört und göttliche Erscheinungen schaut.
Unter solchen Klängen und Erscheinungen wird man
dann, endlich vollkommen und vollständig eingeweiht,
frei und wandelt ohne Fesseln mit Blumen bekränzt, um
die heiligen Riten zu feiern im Kreise heiliger und
reiner Menschen.*[8]

Die Aspekte des Einweihungsweges in die Mysterien lassen
sich anhand Plutarchs Schilderungen jetzt hinter der
Handlung von Doktor Faust in dessen ersten beiden Szenen
wiederentdecken. Zuallererst tritt Faust in der „Finsternis"
einer nachtdunklen Szenerie in Erscheinung und klagt über
sein „mühevolles Umherirren" durch die verschiedenen
wissenschaftlichen Disziplinen:

*Habe nun, ach! Philosophie,
Juristerey und Medicin,
Und leider auch Theologie!
Durchaus studirt, mit heißem Bemühn.
Da steh' ich nun, ich armer Thor!
Und bin so klug als wie zuvor;*
(V. 354-359)

---

[8] Von Stobaios überliefertes Fragment, welches dieser ursprünglich dem
Themistios zugeschrieben hatte, das allerdings schon im 18. Jahrhundert
Plutarch zugeschrieben wurde. Quelle und Übersetzung: Assmann (Anm.
1), S. 220 f.

Zudem werden das „Umherirren" und die „Verwirrung", welche Plutarch für den Einweihungsweg schildert, für Faust in dessen Rede an den Totenkopf zum Ausdruck gebracht:

> *Was grinsest du mir hohler Schädel her?*
> *Als daß dein Hirn, wie meines, einst verwirret,*
> *Den leichten Tag gesucht und in der Dämmrung schwer,*
> *Mit Lust nach Wahrheit, jämmerlich geirret.*
> (V. 664-667)

Im Besonderen wird die wesentliche Bedeutung einer Art Todeserfahrung für die Einweihung in die Mysterien durch Plutarchs Darstellungen verdeutlicht. Faust nähert sich an dieser Stelle dem Tod, indem er zur Phiole mit den „tödlich feinen Kräfte[n]" (V. 694) greift. Bei seinem Versuch neue Erkenntniskräfte zu erlangen, zeigt Faust sich, ganz ähnlich zu Pamina, todesmutig: „Und wär' es mit Gefahr, in's Nichts dahin zu fließen." (V. 719) Wie nah Faust dem Tod dann tatsächlich kommt, wird in seinen Worten zum Ausdruck gebracht, als die Klänge von Glocken und Chören, die zum Ostersonntag rufen, in seine Todeserfahrung hereinbrechen:

> *Und doch, an diesen Klang von Jugend auf gewöhnt,*
> *Ruft er auch jetzt zurück mich in das Leben.*
> *[...]*
> *O! tönet fort, ihr süßen Himmelslieder!*
> *Die Thräne quillt, die Erde hat mich wieder!*
> (V. 769-784)

Geistig und sprachlich kommt Faust dem Tode also sehr nahe und erweckt nicht nur den Eindruck seines Todes, sondern stellt sogar Bilder seiner Wiedergeburt dar. Den Weg, den Faust vor seiner Wiedergeburt antritt, vergleicht er mit einem Abstieg in die Unterwelt oder Hölle. In diesem Bild deutet sich dann in den Worten „Vor jener dunkeln Höhle nicht zu beben" (V. 714) das von Plutarch beschriebene „Zittern" der zweiten Stufe an. Tatsächlich werden bei einem Abstieg in die Unterwelt an anderer Stelle der *Faust*-Dichtung Plutarchs Worte vom „Zittern" beziehungsweise „Schaudern" viel offensichtlicher hervorgehoben, denn vor seinem Abgang ins Reich der Mütter findet Faust dafür sogar einen Superlativ: „Das Schaudern ist der Menschheit bestes Theil" (V. 6271). Als Faust zu den Todeskräften der Phiole greift, veranschaulicht er seinen neu gewonnenen Enthusiasmus durch das Bild von einem „Feuerwagen" (V. 702), in dem sich das Gefährt des Sonnengottes erkennen lässt. Dieses Bildverständnis fügt sich bestens in das von Faust gezeichnete Gesamtbild, denn der Sonnengott reiste mit seinem Gefährt ebenfalls in die Unterwelt.[9] Darüber hinaus handelt es sich dabei um ein spirituelles Urbild, nach welchem die Sonne oder ihre Personifikation der Sonnengott am Tage über den Himmel reiste, abends ins Erdreich drang, des Nachts die Unterwelt durchquerte, und am Morgen aus der Erde wieder hervorkam, um den Kreislauf erneut zu beginnen. Im Sonnenaufgang beziehungsweise im Herauskommen des Sonnengottes aus dem Erdreich – auch Nacht- oder Totenreich genannt – erblickten schon die alten Ägypter eine Wiedergeburt, die sie als hoffnungsvolles Zeichen für ihren eigenen Weg aus dem Totenreich deuteten. Die Isis war in diesem Bild die Mutter des Sonnengottes Horus, in welchem Griechen wie Plutarch später ihren Sonnengott Apollon wiederkannten. Das Durchleben von Nacht und Tod auf dem Weg zur Einweihung scheint der Reise des Sonnengottes durch das Nacht- und Totenreich zu entsprechen. Eine Entsprechung, die in unserer Kultur allerdings weitaus geläufiger und populärer ist, findet sich im Abstieg in die Unterwelt und der Himmelfahrt von Jesus

---

[9] Dieses Bild scheint sich schon mit den ersten Worten des *Prologs* anzukündigen („Die Sonne tönt, nach alter Weise, / In Brudersphären Wettgesang, / Und ihre vorgeschriebne Reise / Vollendet sie mit Donnergang.", V. 243-246), denn nach „alter Weise" ist die Sonne eine dieser „Himmelskräfte" (V. 449), die auf „segenduftenden Schwingen" (V. 451) tatsächlich „durch die Erde dringen" (V. 452).

Christus. Goethe verbindet auch dieses christliche Bild mit Fausts Einweihungserfahrung. Dazu muss ich angesichts der noch weitgehend unbekannten Mysterienkultur zumindest kurz darauf hinweisen, dass man im Allgemeinen in den freimaurerischen Kreisen der Goethezeit im alten Ägypten besonders ursprüngliche Mysterienbilder vermutete,[10] und zudem Goethes Dichterfreund Schiller in seinem Aufsatz *Die Sendung Moses* die ägyptischen Mysterien als Grundlage biblischer Motive darstellte. Entsprechend liegt es nahe, dass Goethe aus einer ähnlichen Perspektive Jesus Christus betrachtete und er ihn als eine weitere Erzählvariante des Sonnengottes Horus verstand. Jedenfalls fällt Fausts gedankliche Reise auf dem „Feuerwagen" (V. 702) des Sonnengottes in ein Bild mit der Auferstehung von Jesus Christus. Den Sonnenaufgang verband man sowohl im alten Ägypten als auch im Christentum mit der Wiedergeburt der Gottheit. Traditionell markiert der Sonnenaufgang daher den Beginn der Osterfeierlichkeiten. Man darf annehmen, dass mit den Klängen der Osterfeierlichkeiten in Fausts Todeserfahrung auch das Licht der Morgendämmerung eingezogen ist, und Faust dieses entsprechend zu Plutarch als „wunderbares göttliches Licht" wahrnehmen könnte. Es kommen außerdem Plutarchs „feierlichheilige Gesänge" durch den Engelschor hinzu, der im Übrigen reimt: „Christ ist erstanden! [...] Prüfung bestanden." (V. 757 und 761)

Dass die Worte des Engelschores „Prüfung bestanden" ebenfalls für Faust gelten, und er die Prüfung der Einweihung bestanden hat, zeigt auch die nächste Szene *Vor dem Thor*. Das gegenständliche Stadttor erscheint im Bilde der Reise durch das Totenreich als das Tor zur Unterwelt. Vor diesem entfalten sich nun die „reine[n] Gefilde" und geradezu paradiesischen Verhältnisse, die Plutarch für das Ende des Einweihungsweges beschreibt:

---

[10] Jan Assmann: *Schiller, Mozart und die Suche nach neuen Mysterien*. In: *Athenäum. Jahrbuch für Romantik* 16 (2006), S. 13.

Aus dem hohlen finstren Thor
Dringt ein buntes Gewimmel hervor.
Jeder sonnt sich heute so gern.
Sie feyern die Auferstehung des Herrn,
Denn sie sind selber auferstanden,
[...]
Aus der Kirchen ehrwürdiger Nacht
Sind sie alle ans Licht gebracht.
[...]
Selbst von des Berges fernen Pfaden
Blinken uns farbige Kleider an.
Ich höre schon des Dorfs Getümmel,
Hier ist des Volkes wahrer Himmel,
Zufrieden jauchzet groß und klein:
Hier bin ich Mensch, hier darf ich's seyn.
(V. 918-940)

Anschließend trifft Faust dann auf die tanzende und singende bäuerliche Gesellschaft, die sich wohl ihrem Gesang entsprechend mit Blumen geschmückt („Mit bunter Jacke, Band und Kranz", V. 950) um ihn herum im „Kreis" (V. 992-993) versammelt. Da in diesem Bild die Menschen „selber auferstanden" sind und „ans Licht gebracht" sind, bilden sie als Eingeweihte und Erleuchtete eine Gemeinschaft „heiliger und reiner Menschen". Vor diesem Hintergrund scheint Faust bildlich am Ende des Einweihungsweges angekommen zu sein. Plutarchs Schilderungen über „reine Gefilde", „Tänze", „Gesänge" und das „[F]eiern im Kreise heiliger und reiner Menschen" haben sich hier für Faust erfüllt. Allerdings ist dies nicht als Abschluss der Einweihungsthematik zu verstehen, sondern als Einführung in das Thema des Titelhelden und der *Faust*-Dichtung.

Das Grundthema, welches Doktor Faust ganz unkryptisch in seinem Anfangsmonolog für sich eröffnet als Suche nach Wahrheit, nach dem, „was die Welt / [i]m Innersten zusammenhält" (V. 382-383), findet seinen Abschluss in der

Begegnung mit der Mater gloriosa, der Schlussszene des zweiten Teils. Es handelt sich bei der Mater gloriosa um das Motiv der verschleierten Isis. Bevor ich dies direkt für die Mater gloriosa aufzeige, möchte ich zunächst kurz das Motiv im Allgemeinen etwas näherbringen, welches in der Goethezeit nicht nur unter Freimaurern beliebt war. Beispielsweise bezieht sich Immanuel Kant in seiner *Critik der Urtheilskraft* auf eine Selbstdarstellung der Isis, welche laut Plutarchs Überlieferung[11] die Inschrift auf einer Statue der Göttin zu ihrem Tempel in Sais gewesen sein soll, und erwägt:

Vielleicht ist nie etwas Erhabeneres gesagt oder ein Gedanke erhabener ausgedrückt worden, als in jener Aufschrift über dem Tempel der Isis (der Mutter Natur): „Ich bin alles, was da ist, was da war, und was da sein wird, und meinen Schleier hat kein Sterblicher aufgedeckt. "[12]

Die Isis steht also für „alles", für das große Ganze. Sie symbolisiert die große Wahrheit, die Faust sucht. Allerdings markiert sie auch die Grenzen menschlicher Erkenntnis, da sie keinem Sterblichen die geheimnisvolle Wahrheit unter ihrem Schleier offenbart. „Es irrt der Mensch so lang er strebt" (V. 317) und vor allem so lang er lebt. Ein weiteres und recht anschauliches Beispiel für eine Auseinandersetzung mit dem Motiv der Isis bietet Goethes Dichterfreund Schiller. Auf populäre Weise widmet sich Schiller in seiner Ballade *Das verschleierte Bild zu Sais* der Isis und behandelt zudem ganz offen einen Priesterkult der Göttin. Dabei setzt Schiller die Isis mit der Wahrheit gleich, wie er es ebenso in seinem Gedicht *Die Worte des Wahns* gestaltet:

---

[11] Plutarch: *Über Isis und Osiris*. Übers. von Gustav Parthey. Berlin 1850, S. 14, Kap. 9.
[12] Immanuel Kant: *Kritik der Urteilskraft*. Hrsg. von Karl Vorländer. Leipzig 1922, S. 171.

Solang er [der Mensch] glaubt, daß dem irdschen Verstand
Die Wahrheit je wird erscheinen –
Ihren Schleier hebt keine sterbliche Hand,
Wir können nur raten und meinen.[13]

Entsprechend eignet sich der Schleier der Isis metaphorisch für Fausts Thema der Wahrheitssuche. Bereits in der Szene *Nacht* wird motivisch die verschleierte Isis, in der ja ebenfalls Kant die Natur beziehungsweise „Mutter Natur" erblickte, auch von Faust hervorgebracht:

Geheimnißvoll am lichten Tag
Läßt sich Natur des Schleyers nicht berauben,
Und was sie deinem Geist nicht offenbaren mag,
Das zwingst du ihr nicht ab mit Hebeln und mit Schrauben.
(V. 672-675)

Blicken wir nun auf das Ende der *Faust*-Dichtung und auf die Mater gloriosa als den krönenden Abschluss von Fausts Wahrheitssuche, dann scheint mir Fausts Anbetung der Mater gloriosa als „Göttin" (V. 12103) und seine Bitte, ihr „Geheimniß schauen" (V. 12000) zu dürfen, ein deutlicher Hinweis auf die Mysterien zu sein. Die Bezeichnung „Göttin" stellt einen klaren Kontrapunkt zum Verständnis vom „einen Gott" des Katholizismus dar und weist somit darauf hin, dass es sich bei der Mater gloriosa nicht nur um eine Mariendarstellung handelt. Auf die Mysterien weist dann das Wort „Geheimniß", denn dieses ist nur eine deutsche Form von „Mysterium", welches den eingeweihten Priestern der antiken Kulte durch das „Schauen", auch „Epoptie", zu Teil wurde. Dazu findet sich das Sujet eines Protagonisten, der auf der Suche nach Wahrheit auf eine Gottheit trifft und deren Geheimnis beziehungsweise Wahrheit schauen möchte, noch an populärer Stelle bei Goethes Dichterfreund Schiller. Es ist die Handlung von

---

[13] Friedrich Schiller: *Sämtliche Werke*. Hrsg. von Gerhard Fricke. Bd. 1. München 1962, S. 216.

Schillers Ballade *Das verschleierte Bild zu Sais*, welche in ihrer vordergründigen und direkten Darstellung eines Priesterkultes der Isis ebenfalls diese Sprache der Mysterien erkennen lässt:

> *Kein Sterblicher, sprach des Orakels Mund,*
> *Rückt diesen Schleier, bis ich selbst ihn hebe.*
> *Doch setzte nicht derselbe Mund hinzu:*
> *Wer diesen Schleier hebt, soll Wahrheit schauen?*
> *„Sei hinter ihm, was will! Ich heb ihn auf."*
> *(Er rufts mit lauter Stimm.) „Ich will sie schauen." Schauen!*
> *Gellt ihm ein langes Echo spottend nach.*[14]

An dieser Stelle der Ballade nähert sich der Protagonist als Lehrling dem verschleierten Statuenbildnis der Isis und will es verbotenerweise „schauen". Doch es handelt sich dabei um kein einfaches Schauen im herkömmlichen Sinne, sondern um eine spezielle Mysterienerfahrung auf die der Lehrling nicht vorbereitet ist.

Die Schlussszene der *Faust*-Dichtung weist allerdings neben den Ähnlichkeiten zu Schillers Ballade noch Ähnlichkeiten zu einem weiteren Text auf, der ebenfalls zu den Mysterein der Isis führt und laut Assmann „[d]ie wichtigste Quelle für das abendländische Bild der antiken Mysterien"[15] darstellt: Apuleius' Roman *Der goldene Esel*. Dieser Roman war unter den damals mysterienbegeisterten Freimaurern sehr populär und dürfte ebenfalls dem Freimaurer Goethe sehr vertraut gewesen sein. Im letzten Buch des elfbändigen Romans ruft der Held der Geschichte eine Gottheit an und beginnt seine Anrufung mit: „Königin des Himmels!"[16] Wobei der Held im Anschluss daran noch viele weitere Bezeichnungen und sogar Götternamen wie „Ceres" („Ceres

---

[14] Schiller (Anm. 13), 225 f.
[15] Jan Assmann und Florian Ebeling: *Ägyptische Mysterien. Reisen in die Unterwelt in Aufklärung und Romantik.* München 2011, S. 29.
[16] Apuleius: *Der goldene Esel.* Übers. von August Rode. Bd. 2. Dessau 1783, S. 195, 11,2.

mater frugum"), „Venus" und „Proserpina"[17] für die eine Gottheit seiner Anbetung finden wird. Doch die Gottheit seiner Anbetung erscheint ihm daraufhin tatsächlich und stellt sich dem Helden in einer sehr umfangreichen Selbstdarstellung vor:

Schau! Dein Gebet hat mich gerührt. Ich, Allmutter Natur, Beherrscherin der Elemente, erstgeborenes Kind der Zeit, Höchste der Gottheiten, Königin der Manen, Erste der Himmlischen; ich, die in mir allein die Gestalt aller Götter und Göttinnen vereine, mit einem Wink über des Himmels lichte Gewölbe, die heilsamen Lüfte des Meeres und der Unterwelt klägliche Schatten gebiete. Die alleinige Gottheit, welche unter so mancherlei Gestalt, so verschiedenen Bräuchen und vielerlei Namen der ganze Erdkreis verehrt – denn mich nennen die Erstgeborenen aller Menschen, die Phrygier, pessinuntische Göttermutter – ich heiße den Atheniensern, Kindern ihres eigenen Landes, kekropische Minerva; den eiländischen Kypriern paphische Venus; den pfeilführenden Kretern dictynnische Diana: den dreizüngigen Siziliern stygische Proserpina; den Eleusinern Altgöttin Ceres. Andere nennen mich Juno, andere Bellona, andere Hekate, Rhamnusia andere. Sie aber, welche die aufgehende Sonne mit ihren ersten Strahlen beleuchtet, die Äthiopier, auch die Arier und die Besitzer der ältesten Weisheit, die Ägypter, mit den angemessensten eigensten Gebräuchen mich verehrend, geben meinen wahren Namen mir: Königin Isis.[18]

In dieser Textquelle erscheint die Isis als die eine Göttin aller Mysterien und Religionen. Faust, der in der vorbeiziehenden Mater gloriosa sogleich die

---

[17] Apuleius (Anm. 16), S. 195 f., 11,2. Siehe für den lat. Text: Apuleius: *The Golden Ass. Being the Metamorphoses of Lucius Apuleius.* Hrsg. von Stephen Gaselee. London 1922, S. 540, 11,2.

[18] Apuleius (Anm. 16), S. 199 f., 11,5.

„Himmelskönigin" (V. 11995) erkennt, diese bittet ihr „Geheimniß schauen" (V. 12000) zu dürfen und sie unter den Anrufungen „Jungfrau, Mutter, Königin, / Göttin" (V. 12002-12003) schließlich in seinen letzten Worten des Dramas um Gnade anfleht, erkennt in der Mater gloriosa eine Gestalt der Göttin Isis.

Was dann folgt, ist tatsächlich Fausts Anschauung der Mysterien. Dies lässt sich anhand Assmanns Forschungen zum Mysterienverständnis des 18. Jahrhunderts aufzeigen, wonach man damals von einer „sprachlosen, mystischen Schau"[19] der Mysterien ausging. Also „die Epoptie übersteigt [...] die Sprache"[20]. Ein grundlegender Text war den Zeitgenossen dabei *The Divine Legation of Moses* (dt. Übersetzung: *Die göttliche Sendung Moses*) aus dem Jahre 1738 von William Warburton, auf den Schiller dann mit seinem Aufsatz *Die Sendung Moses* deutlich Bezug nehmen wird. Die letzten Worte der *Faust*-Dichtung, gesprochen vom Chorus mysticus (also dem zu den Mysterien gehörigen Chor), beziehen sich nun auf die „[u]nbeschreibliche" (V. 12108) Erfahrung und „[e]wig-[w]eibliche" (V. 12110) Wahrheit der Isis-Mysterien. Die Schau der Geheimnisse durch die Erscheinung der Gottheit, die Epiphanie, ist mit der höchsten Einweihung verbunden und ein krönender Abschluss für Fausts Wahrheitssuche auf dem Prüfungsweg der Mysterien. Dabei ist zu berücksichtigen, dass dies nach Fausts Grablegung, also nach seinem Tod, geschieht.

Aus Apuleius' Roman lassen sich allerdings noch weitere Mysterienbilder für die *Faust*-Dichtung ableiten. Besonders ergiebig sind hier die Ausführungen zur Einweihung des Protagonisten in den Priesterkult der Isis. Apuleius' Held beschreibt die Mysterienfeier als „Hingebung in einen freiwillig gewählten Tod [ad instar voluntariae mortis[21]] und Wiedererlangung des Lebens durch die Gnade der Göttin"[22]

[19] Assmann (Anm. 10), S. 30.
[20] Assmann (Anm. 10), S. 31.
[21] Apuleius (Anm. 17), S. 574, 11,21.
[22] Apuleius (Anm. 16), S. 221, 11,21.

sowie als „Grenzscheide zwischen Leben und Tod" und „Proserpinens Schwelle"[23]. Seine Einweihungszeremonie in den Kult begann, als sich „die Sonne gen Abend neigte"[24] und wurde „[e]rst gegen Morgen"[25] abgeschlossen. Währenddessen hatte er „zwölfmal die Kleidung verändert"[26], was symbolisch dem zwölfmaligen Gestaltwechsel des Sonnengottes auf seiner nächtlichen Reise durch die Unterwelt entspricht.[27] Schließlich wurde er nach Absolvierung der Einweihung dekoriert „als Bild der Sonne"[28] dem Volke präsentiert. Besonders einige Mysterienbilder der Szene *Nacht* mögen im Lichte dieser Ausführungen nochmals deutlicher hervorkommen, doch ich möchte mit ihnen den Kreis schließen und auf meinen Einstieg, den *Helena*-Akt, zurückkommen. Das Motiv der nächtlichen Unterweltsreise mit anschließender Wandlung als geistig erleuchteter Eingeweihter im Bilde der Sonne findet sich in der kleinen Vorgeschichte, die Phorkyas/Mephisto über das Kind von Helena und Faust zu berichten weiß:

Nackt ein Genius ohne Flügel, faunenartig ohne Thierheit
[...]
Doch auf einmal in der Spalte rauher Schlucht ist er
verschwunden,
Und nun scheint er uns verloren. Mutter jammert, Vater
tröstet,
Achselzuckend steh' ich ängstlich. Doch nun wieder welch
Erscheinen!
Liegen Schätze dort verborgen? Blumenstreifige Gewande
Hat er würdig angethan.
Quasten schwanken von den Armen, Binden flattern um den
Busen,

---

[23] Apuleius (Anm. 16), S. 226, 11,23.
[24] Apuleius (Anm. 16) S. 225, 11,23.
[25] Apuleius (Anm. 16) S. 226, 11,24.
[26] Apuleius (Anm. 16), S. 226, 11,24.
[27] Assmann (Anm. 15), S. 37.
[28] Apuleius (Anm. 16), S. 227, 11,24.

In der Hand die goldne Leyer, völlig wie ein kleiner
Phöbus,
Tritt er wohlgemuth zur Kante, zu dem Ueberhang; wir
staunen.
Und die Eltern vor Entzücken werfen wechselnd sich an's
Herz.
Denn wie leuchtet's ihm zu Haupten? Was erglänzt ist
schwer zu sagen,
Ist es Goldschmuck, ist es Flamme übermächtiger
Geisteskraft.
(V. 9603-9624)

Die Reise in die Unterwelt wandelt den anfangs noch
nackten und faunenartigen Genius und er erscheint danach
„völlig wie ein kleiner Phöbus" (V. 9620), also wie ein
kleiner Sonnengott. Hinter der anschließenden Handlung des
Euphorions, hinter seinem Aufsteigen in die Lüfte und
seinem Abstieg in die Tiefe, lässt sich eine Fortsetzung des
Bildes vom mythischen Sonnenlauf erkennen.

Goethe selbst hat in seinen Erklärungen des *Helena*-Aktes
gegenüber Carl Iken auf die Mysterien von Eleusis
hingewiesen.[29] Eine amüsante Perspektive auf die
eleusinischen Mysterien wirft Goethe in seinen *Römischen
Elegien*. Dort ist über das zentrale Mysterium von Eleusis zu
vernehmen:

Und was war das Geheimniß? als daß Demeter die große
Sich gefällig einmal auch einem Helden bequemt,
Als sie dem edlen Jasion, dem rüstigen König der Kreter,

---

[29] In Goethes Brief an Iken vom 27.9.1827 (WA IV, 43, S. 82) heißt es
bezüglich der *Helena*: „Von einer Seite wird dem Philologen nichts
Geheimes bleiben, er wird sich vielmehr an dem wiederbelebten Altertum,
das er schon kennt, ergötzen; von der andern Seite wird ein Fühlender
dasjenige durchdringen, was gemütlich hie und da verdeckt liegt: ‚Eleusis
servat, quod ostendat revisentibus'. Und es soll mich freuen, wenn diesmal
auch das Geheimnisvolle zu öfterer Rückkehr den Freunden Veranlassung
gibt."

Ihres unsterblichen Leibs holdes Verborgne gegönnt.[30]

Goethe zeigt dann im *Helena*-Akt nicht weniger als die Vereinigung des Titelhelden seiner Tragödie mit der unsterblichen und göttlichen Helena. In Goethes *Römischen Elegien*, deren ursprünglicher Titel *Erotica Romana* lautete, wird die eleusinische Mysterienfeier von einem Liebhaber aufgegriffen, der seiner Geliebten näherkommen möchte unter dem Aufruf: „Laß uns beyde das Fest im Stillen freudig begehen!"[31] Neben der geheimen Einweihungsfeier im Inneren des Tempels, bei welcher die Priester über ein „mystisches Ruhebett" symbolisierten, dass sie „sich bildlich mit der Gottheit vermählten"[32], gab es zudem öffentliche Teile der eleusinischen Mysterien, wie den Festzug. Bei diesem wurden mythische Szenen der eleusinischen Gottheiten Demeter, Persephone und Dionysos nachgestellt. Auf diese Weise führte man das profane Volk bereits vorsichtig an die Mysterienbilder heran, denn es vernahm dabei nicht weniger als die Vereinigung von Demeter und Jasion (bzw. Iasion) und Persephones zyklische Unterweltsreise. Im Übrigen lässt sich im *Helena*-Akt nicht nur die Vereinigung wiederfinden, sondern zudem erfährt das Bild von der Mutter Demeter, die ihr Kind Persephone an das Reich des Todes verliert, bei Goethe in der Mutter Helena und ihrem verlorenen Kind Euphorion eine Entsprechung. Der dritten eleusinischen Mysteriengottheit widmet sich dann der Schluss des *Helena*-Aktes mit dem Taumel zur Mysterienfeier des Dionysos. Mit den Dionysien und im Besonderen mit den späteren Bacchanalien der römischen Zeit ist die einfache sexuelle Vereinigung der Feiernden verbunden, die allerdings auf diese augenscheinlich simple Weise eine Annäherung an das Bild und die Erfahrung aus den eleusinischen Mysterien im

---

[30] Goethe, Johann Wolfgang von: *Elegien*. In: *Die Horen*. Hrsg. von Friedrich Schiller. Bd. 2, St. 6. Tübingen 1795, S. 1-44, S. 21 f.

[31] Goethe (Anm. 30), S. 21

[32] Hugo Saintine Anton: *Die Mysterien von Eleusis*. Naumburg a. S. 1899, S. 54 f.

geheimen Inneren des Tempels schafften. Und so gibt es schließlich der – vermutlich eingeweihte – Liebhaber aus Goethes *Römischen Elegien* zu verstehen, der sich mit seiner Geliebten vereinigen möchte.

Vor diesem Hintergrund lässt sich in der Vereinigung des Sterblichen mit dem Göttlichen sowie des Männlichen mit dem Weiblichen ein Bild und eine Erfahrung der Mysterieneinweihung erkennen. Dies eröffnet einen interessanten Blick auf Fausts Erfahrungen mit Gretchen, zu denen er von Mephisto geführt wird unter der Prämisse: „Du siehst, mit diesem Trank im Leibe, / Bald Helenen in jedem Weibe." (V. 2603-2604) Mephisto wiederum ist Fausts Führer auf dem Wege zur Einweihung. Er führt ihn ebenso zu Helena und den Müttern, wo Faust mit der Erfahrung des Schauderns konfrontiert wird. Faust bezeichnet Mephisto sogar als „Mystagogen" (V. 6248), was zwar vor allem spöttisch gemeint ist, doch vor der Einweihungsmotivik erscheint Mephisto wirklich als Fausts Einführer in die Mysterien. Damit deutet sich hoffentlich mehr und mehr an, wie weitreichend die Mysterienkultur in der *Faust*-Dichtung noch interpretiert werden kann.